Impressum
Verlag: BABADADA GmbH, Nedderfeld 112 , 22529 Hamburg
Geschäftsführer / Verlagsleitung: Harald Hof
Druck: Books on Demand GmbH, In de Tarpen 42, 22848 Norderstedt

Imprint
Publisher: BABADADA GmbH, Nedderfeld 112 , 22529 Hamburg, Germany
Managing Director / Publishing direction: Harald Hof
Print: Books on Demand GmbH, In de Tarpen 42, 22848 Norderstedt, Germany

Schule

تقسیم کردن
dividieren

186/2

تخته
Tafel

کلاس درس
Klassenzimmer

حیاط مدرسه
Schulhof

معلم
Lehrer

کاغذ
Papier

نوشتن
schreiben

خودکار
Stift

میز تحریر
Schreibtisch

خط کش
Lineal

کتاب
Buch

دانش آموز
Schüler

کیف مدرسه
Ranzen

جامدادی
Federmappe

مداد
Bleistift

تراش
Bleistiftanspitzer

پاک کن
Radiergummi

دفتر رسم
Zeichenblock

طراحی
....
Zeichnung

قلم مو
....
Pinsel

جعبه ی آبرنگ
....
Malkasten

قیچی
....
Schere

چسب
....
Klebstoff

کتاب تمرین
....
Übungsheft

تکلیف خانه
....
Hausaufgabe

12

رقم
....
Zahl

2+2

جمع کردن
....
addieren

5-2

تفریق کردن
....
subtrahieren

2×2

ضرب کردن
....
multiplizieren

محاسبه کردن
....
rechnen

A

حرف الفبا
....
Buchstabe

**ABCDEFG
HIJKLMN
OPQRSTU
VWXYZ**

الفبا
....
Alphabet

hello

کلمه
....
Wort

متن

Text

خواندن

lesen

گچ

Kreide

درس

Stunde

ثبت نام

Klassenbuch

امتحان

Prüfung

مدرک رسمی

Zeugnis

لباس مدرسه

Schuluniform

تحصیلات

Ausbildung

دانشنامه

Lexikon

دانشگاه

Universität

میکروسکوپ

Mikroskop

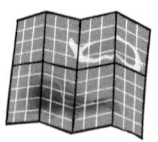

نقشه

Karte

سبد کاغذ باطله

Papierkorb

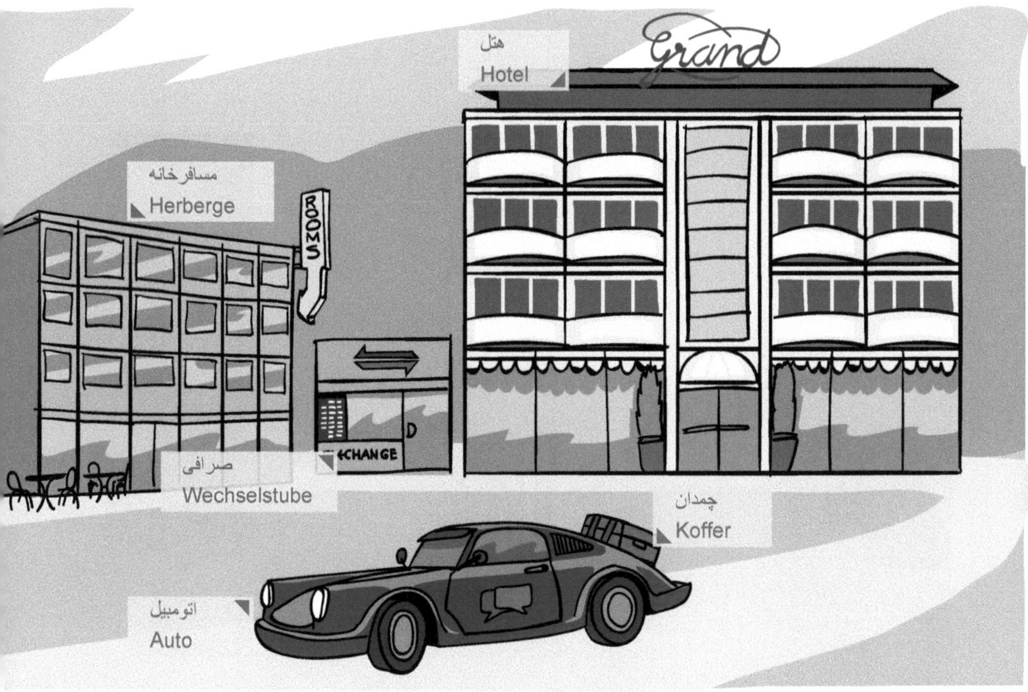

هتل
Hotel
Grand
مسافرخانه
Herberge
ROOMS
صرافی
Wechselstube
چمدان
Koffer
اتومبیل
Auto

زبان
Sprache

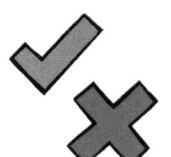

بله / خیر
ja / nein

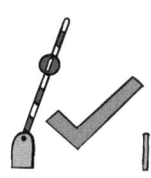

اُکی
Okay

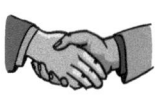

سلام
Hallo

مترجم
Übersetzer

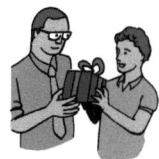

ممنون
Danke

قیمت ... چه قدر است؟

Was kostet…?

من متوجه نمی شوم

Ich verstehe nicht

مشکل

Problem

عصر بخیر! / شب بخیر!

Guten Abend!

صبح بخیر!

Guten Morgen!

شب بخیر!

Gute Nacht!

خداnegهدار

Auf Wiedersehen

جهت

Richtung

بار سفر

Gepäck

کیف

Tasche

کوله پشتی

Rucksack

مهمان

Gast

اتاق

Zimmer

کیسه خواب

Schlafsack

خیمه

Zelt

مرکز راهنمای گردشگران

Touristeninformation

ساحل

Strand

کارت اعتباری

Kreditkarte

صبحانه

Frühstück

نهار

Mittagessen

شام

Abendessen

بلیط

Fahrkarte

آسانسور

Fahrstuhl

مهر

Briefmarke

مرز

Grenze

گمرک

Zoll

سفارتخانه

Botschaft

ویزا

Visum

گذرنامه

Pass

حمل و نقل

Transport

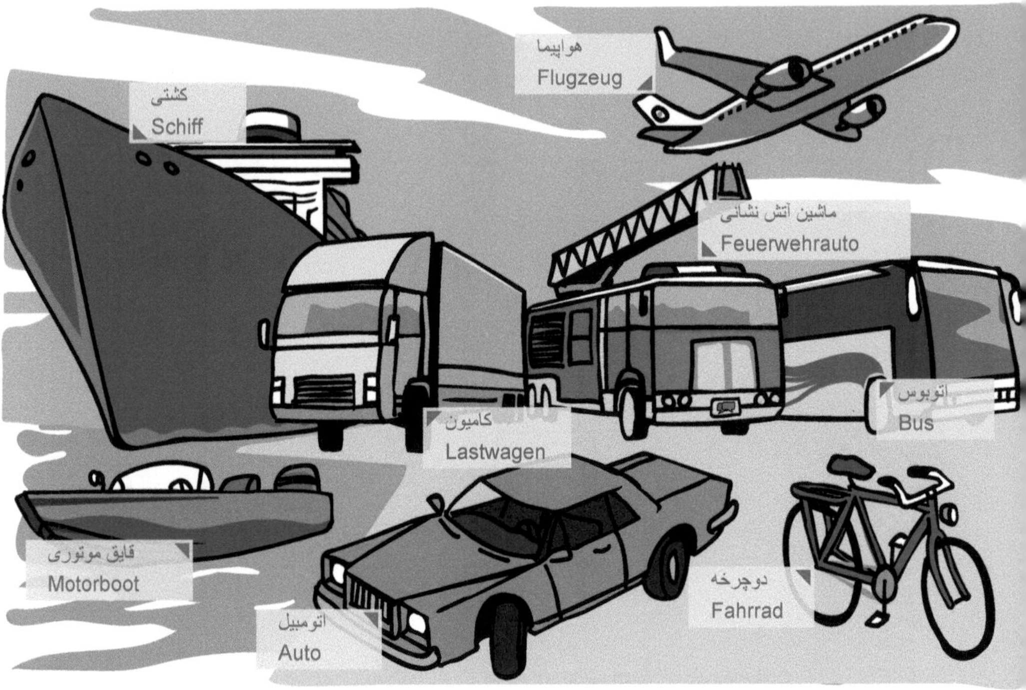

هواپیما
Flugzeug
کشتی
Schiff
ماشین آتش نشانی
Feuerwehrauto
اتوبوس
Bus
کامیون
Lastwagen
قایق موتوری
Motorboot
دوچرخه
Fahrrad
اتومبیل
Auto

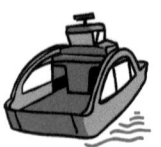

کشتی مسافربری

Fähre

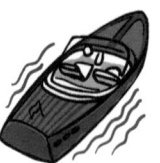

قایق

Boot

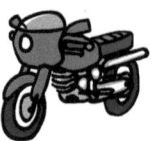

موتورسیکلت

Motorrad

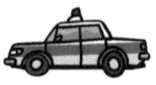

ماشین پلیس

Polizeiauto

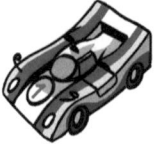

ماشین مسابقه

Rennauto

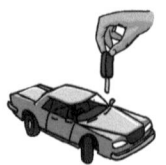

ماشین کرایه ای

Mietwagen

به اشتراک گذاری اتوموبیل

Carsharing

جرثقیل

Abschleppwagen

ماشین حمل زباله

Müllauto

موتور

Motor

بنزین

Kraftstoff

پمپ بنزین

Tankstelle

تابلو راهنمایی و رانندگی

Verkehrsschild

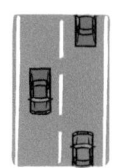

عبور و مرور

Verkehr

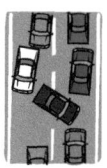

ترافیک

Stau

پارکینگ

Parkplatz

ایستگاه قطار

Bahnhof

ریل راه آهن

Schienen

قطار

Zug

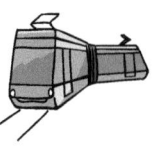

قطار برقی

Straßenbahn

واگن

Wagon

هلیکوپتر

Helikopter

فرودگاه

Flughafen

برج

Tower

مسافر

Passagier

کانتینر

Container

کارتن

Karton

گاری

Karren

سبد

Korb

به پرواز درآمدن / فرود آمدن

starten / landen

شهر

Stadt

دهکده

Dorf

مرکز شهر

Stadtzentrum

خانه

Haus

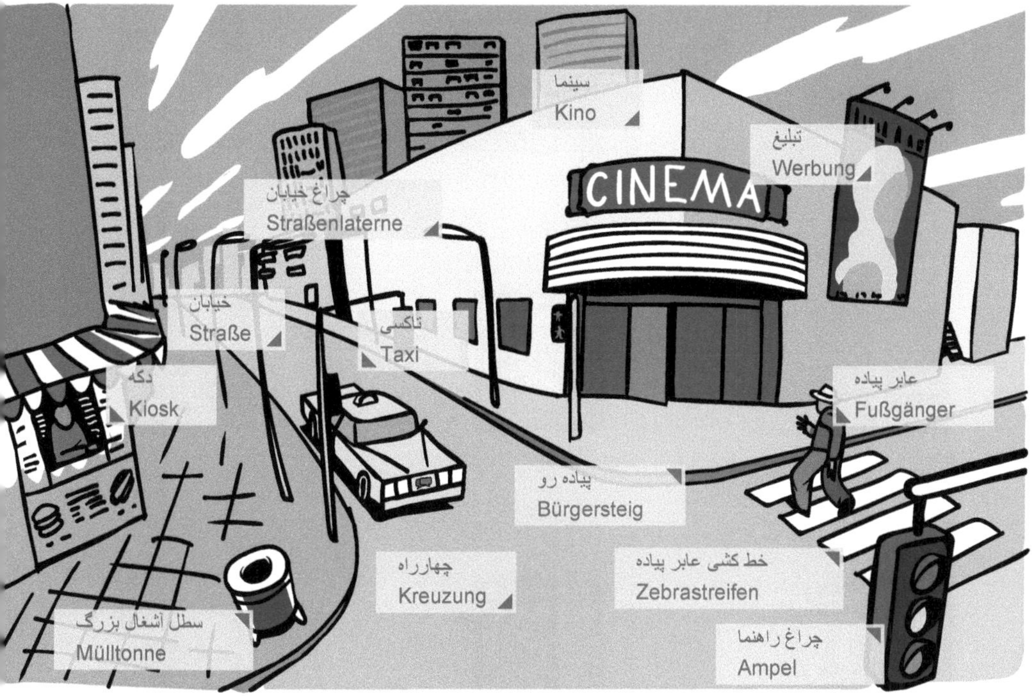
CINEMA
سینما
Kino
تبلیغ
Werbung
چراغ خیابان
Straßenlaterne
خیابان
Straße
تاکسی
Taxi
دکه
Kiosk
عابر پیاده
Fußgänger
پیاده رو
Bürgersteig
چهارراه
Kreuzung
خط کشی عابر پیاده
Zebrastreifen
سطل آشغال بزرگ
Mülltonne
چراغ راهنما
Ampel
MUSEUM

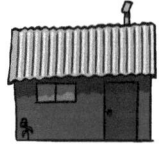

کلبه

Hütte

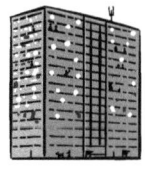

آپارتمان

Wohnung

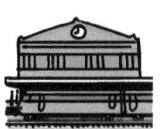

ایستگاه قطار

Bahnhof

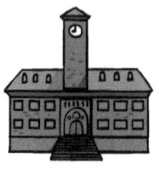

ساختمان شهرداری

Rathaus

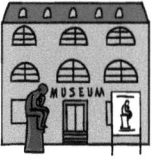

موزه

Museum

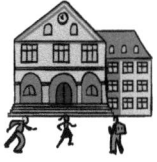

مدرسه

Schule

دانشگاه

Universität

بانک

Bank

بیمارستان

Krankenhaus

هتل

Hotel

داروخانه

Apotheke

اداره

Büro

کتابفروشی

Buchhandlung

مغازه

Geschäft

گل فروشی

Blumenladen

سوپرمارکت

Supermarkt

بازار

Markt

فروشگاه بزرگ

Kaufhaus

ماهی فروش

Fischhändler

مرکز خرید

Einkaufszentrum

بندر

Hafen

پارک

Park

نیمکت

Bank

پل

Brücke

پله

Treppe

مترو

U-Bahn

تونل

Tunnel

ایستگاه اتوبوس

Bushaltestelle

میخانه

Bar

رستوران

Restaurant

صندوق پست

Briefkasten

تابلوی خیابان

Straßenschild

دستگاه پارکومتر

Parkuhr

باغ وحش

Zoo

استخر شنای عمومی

Badeanstalt

مسجد

Moschee

مزرعه

Bauernhof

آلودگی محیط زیست

Umweltverschmutzung

قبرستان

Friedhof

کلیسا

Kirche

زمین بازی

Spielplatz

معبد

Tempel

چشم انداز

Landschaft

برگ
Blatt

تابلوی راهنمای مسیر
Wegweiser

راه
Weg

چمنزار
Wiese

سنگ
Stein

درخت
Baum

راه نورد
Wanderer

رودخانه
Fluss

چمن
Gras

گل
Blume

دره

Tal

تپه

Berg

دریاچه

See

جنگل

Wald

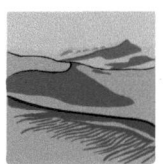

بیابان

Wüste

کوه آتشفشان

Vulkan

قلعه

Schloss

رنگین کمان

Regenbogen

قارچ

Pilz

درخت نخل

Palme

پشه

Moskito

مگس

Fliege

مورچه

Ameise

زنبور

Biene

عنکبوت

Spinne

سوسک

Käfer

قورباغه

Frosch

سنجاب

Eichhörnchen

جوجه تیغی

Igel

خرگوش صحرایی

Hase

جغد

Eule

پرنده

Vogel

قو

Schwan

گراز

Wildschwein

گوزن نر

Hirsch

گوزن شمالی

Elch

سد آب

Staudamm

توربین بادی

Windrad

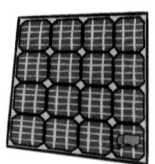

صفحه ی خورشیدی

Solarmodul

آب و هوا

Klima

رستوران
Restaurant

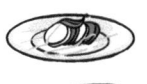

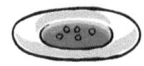

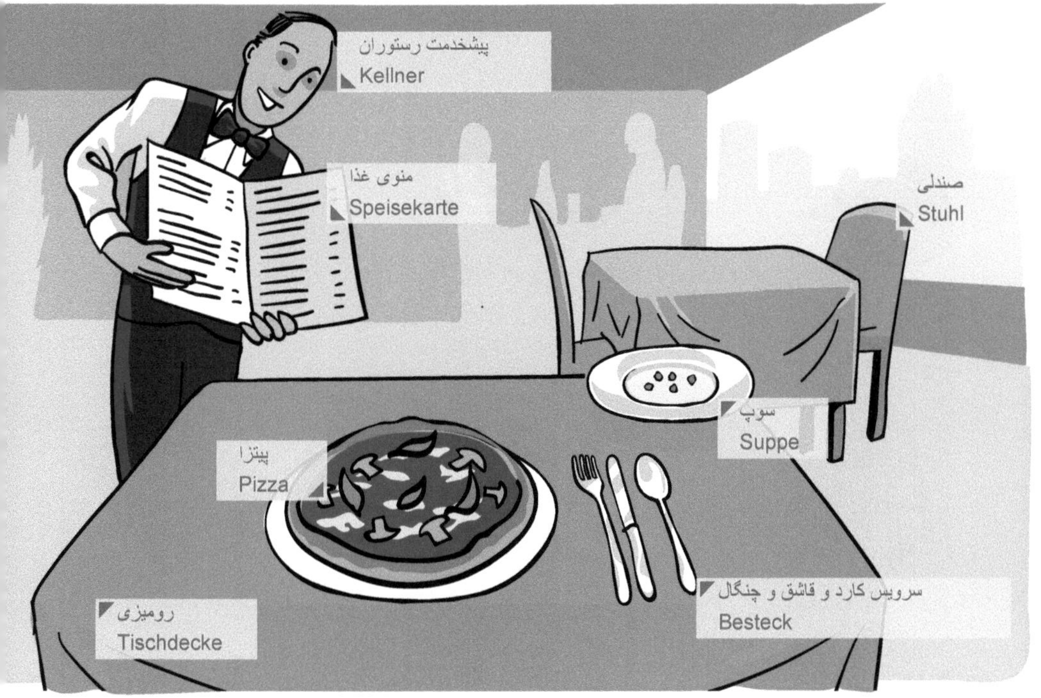
پیشخدمت رستوران
Kellner
منوی غذا
Speisekarte
صندلی
Stuhl
سوپ
Suppe
پیتزا
Pizza
رومیزی
Tischdecke
سرویس کارد و قاشق و چنگال
Besteck

پیش‌غذا

Vorspeise

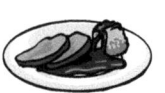

غذای اصلی

Hauptgericht

دسر

Nachspeise

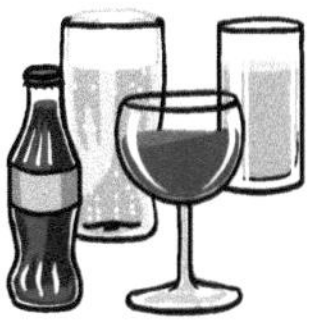

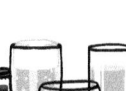

نوشیدنی ها

Getränke

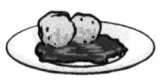

غذا

Essen

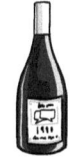

بطری

Flasche

فست فود

Fastfood

اغذیه خیابانی

Streetfood

قوری

Teekanne

قندان

Zuckerdose

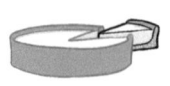

پُرس غذا

Portion

دستگاه اسپرسو

Espressomaschine

صندلی پایه بلند غذاخوری بچه

Hochstuhl

صورتحساب

Rechnung

سینی

Tablett

چاقو

Messer

چنگال

Gabel

قاشق

Löffel

قاشق چایخوری

Teelöffel

دستمال سفره

Serviette

لیوان

Glas

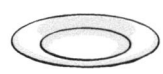

بشقاب

Teller

بشقاب سوپخوری

Suppenteller

نعلبکی

Untertasse

سس

Sauce

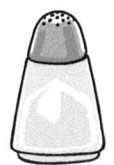

نمکدان

Salzstreuer

فلفل ساب

Pfeffermühle

سرکه

Essig

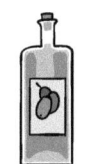

روغن خوراکی

Öl

ادویه جات

Gewürze

سس کچاپ

Ketchup

سس خردل

Senf

سس مایونز

Mayonnaise

سوپرمارکت
Supermarkt

پیشنهاد ویژه
Angebot
FOR
مشتری
Kunde
لبنیات
Milchprodukte
میوه جات
Obst
چرخ دستی خرید
Einkaufswagen

BUTCHERS

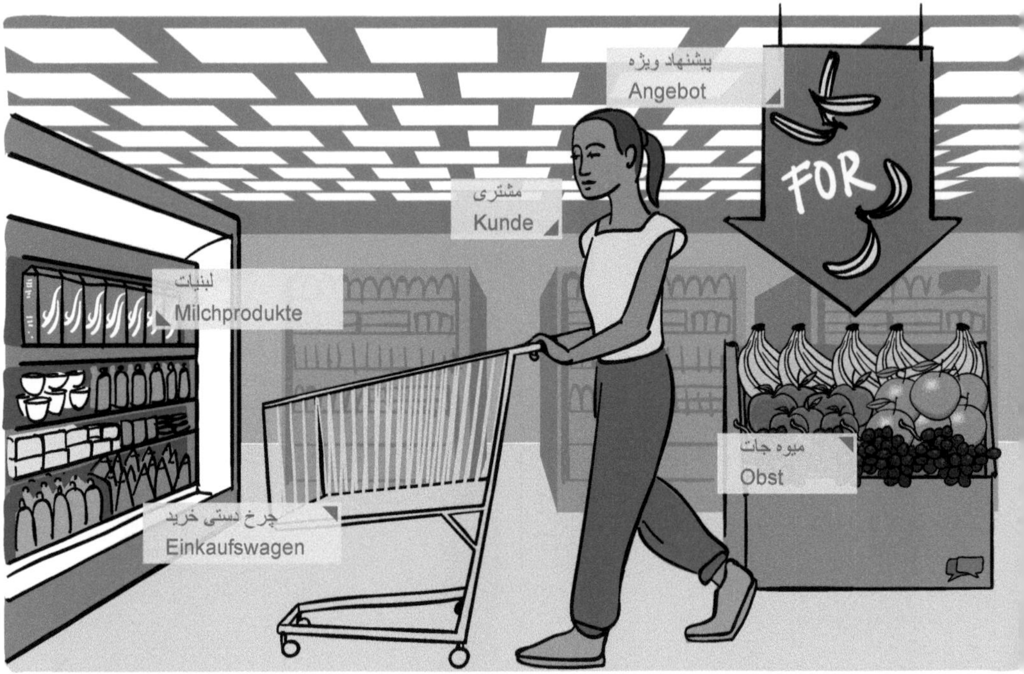

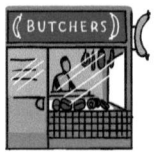

قصابی
Schlachterei

BAKERY

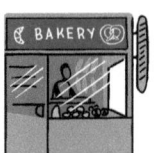

نانوایی
Bäckerei

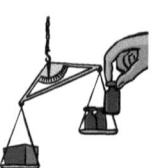

وزن کردن
wiegen

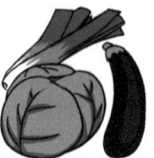

سبزیجات
Gemüse

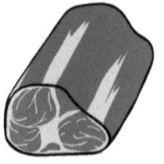

گوشت
Fleisch

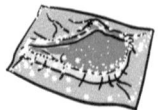

غذای منجمد
Tiefkühlkost

مخلوطی از انواع کالباس یا پنیر که
ورقه ای بریده شده باشند

Aufschnitt

غذای کنسروی

Konserven

پودر لباسشویی

Waschmittel

شیرینی جات

Süßigkeiten

لوازم خانگی

Haushaltsartikel

ماده شوینده و پاک کننده

Reinigungsmittel

فروشنده

Verkäuferin

صندوق پرداخت

Kasse

صندوقدار

Kassierer

لیست خرید

Einkaufsliste

ساعات کار

Öffnungszeiten

کیف پول

Brieftasche

کارت اعتباری

Kreditkarte

کیف

Tasche

کیسه ی پلاستیکی

Plastiktüte

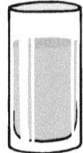

آب

Wasser

آبمیوه

Saft

شیر

Milch

نوشابه کوکاکولا

Cola

شراب

Wein

آبجو

Bier

الکل

Alkohol

کاکائو

Kakao

چای

Tee

قهوه

Kaffee

قهوه اسپرسو

Espresso

کاپوچینو

Cappuccino

موز

Banane

سیب

Apfel

پرتقال

Orange

انواع هندوانه و خربزه

Melone

لیمو

Zitrone

هویج

Karotte

سیر

Knoblauch

نی بامبو

Bambus

پیاز

Zwiebel

قارچ

Pilz

آجیل

Nüsse

ماکارونی

Nudeln

اسپاگتی

Spaghetti

برنج

Reis

سالاد

Salat

سیب زمینی سرخ کرده

Pommes frites

سیب زمینی سرخ شده

Bratkartoffeln

پیتزا

Pizza

همبرگر

Hamburger

ساندویچ

Sandwich

شنیتسل

Schnitzel

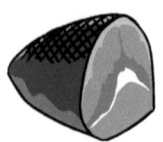

ژامبون خوک

Schinken

سالامی

Salami

سوسیس

Wurst

مرغ

Huhn

نوعی گوشت سرخ شده

Braten

ماهی

Fisch

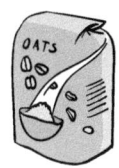

جوی پرک شده

Haferflocken

نوعی صبحانه مخلوطی از برگه ذرت و
میوه های خشک شده و خشکبار که
معمولا با شیر خورده می شود

Müsli

کورنفلکس

Cornflakes

آرد

Mehl

کرواسان

Croissant

نان بروتشن

Brötchen

نان

Brot

نان تست

Toast

بیسکویت

Kekse

گره

Butter

کشک

Quark

کیک

Kuchen

تخم مرغ

Ei

تخم مرغ نیمرو

Spiegelei

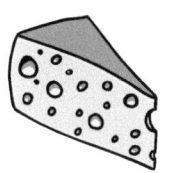

پنیر

Käse

بستنی

Eiscreme

شکر

Zucker

عسل

Honig

مربا

Marmelade

کرم شکلاتی بادامی

Nougat-Creme

ادویه کاری

Curry

مزرعه

Bauernhof

خانه ی مزرعه داران
Bauernhaus

خرمن کاه
Strohballen

انبار غله
Scheune

مزرعه
Feld

اسب
Pferd

ماشین یدک کش
Anhänger

کره اسب
Fohlen

تراکتور
Traktor

خر
Esel

گوسفند
Schaf

بره
Lamm

بز

Ziege

گاو ماده

Kuh

گوساله

Kalb

خوک

Schwein

بچه خوک

Ferkel

گاو نر

Bulle

غاز

Gans

اردک

Ente

جوجه

Küken

مرغ

Huhn

خروس

Hahn

موش صحرایی

Ratte

گربه

Katze

موش

Maus

گاو نر اخته

Ochse

سگ

Hund

لانه ی سگ

Hundehütte

شلنگ باغبانی

Gartenschlauch

آبپاش

Gießkanne

داس دسته بلند

Sense

گاوآهن

Pflug

داس

Sichel

کج بیل

Hacke

چنگک باغبانی

Mistgabel

تبر

Axt

فرقون

Schubkarre

آبشخور

Trog

بطری نگهداری شیر

Milchkanne

کیسه

Sack

حصار

Zaun

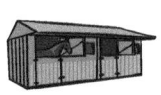

اصطبل

Stall

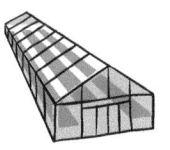

گلخانه

Treibhaus

خاک

Boden

بذر

Saat

کود

Dünger

ماشین کمباین

Mähdrescher

برداشت کردن محصول

ernten

محصول

Ernte

تمیس

Yamswurzel

گندم

Weizen

سویا

Soja

سیب زمینی

Kartoffel

ذرت

Mais

کلزا

Raps

درخت میوه

Obstbaum

گیاه مانیوک

Maniok

غلات

Getreide

خانه

Haus

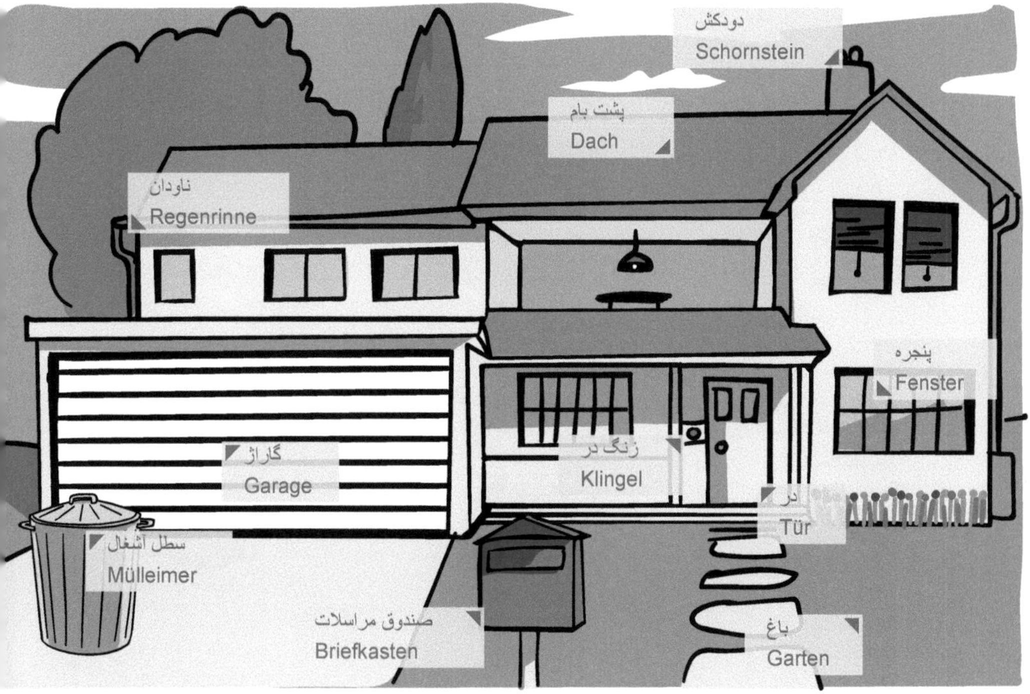
دودکش
Schornstein
پشت بام
Dach
ناودان
Regenrinne
پنجره
Fenster
گاراژ
Garage
زنگ در
Klingel
در
Tür
سطل آشغال
Mülleimer
صندوق مراسلات
Briefkasten
باغ
Garten

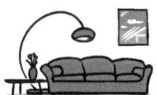

اتاق نشیمن

Wohnzimmer

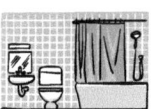

حمام

Badezimmer

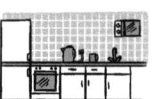

آشپزخانه

Küche

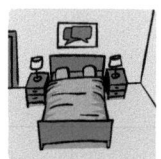

اتاق خواب

Schlafzimmer

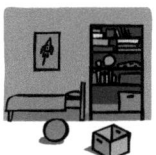

اتاق بچه

Kinderzimmer

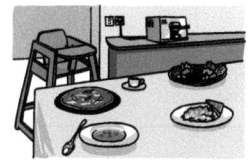

ناهارخوری

Esszimmer

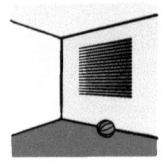

کف زمین

Boden

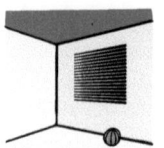

دیوار

Wand

سقف

Decke

زیرزمین

Keller

سونا

Sauna

بالکن

Balkon

تراس

Terrasse

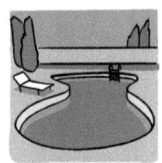

استخر

Schwimmbad

ماشین چمن‌زنی

Rasenmäher

ملافه

Bettbezug

روتختی

Bettdecke

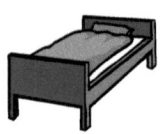

تخت خواب

Bett

جارو

Besen

سطل

Eimer

سوییچ یا کلید

Schalter

اتاق نشیمن
Wohnzimmer

کاغذ دیواری
Tapete
عکس
Bild
لامپ
Lampe
قفسه
Regal
کابینت
Schrank
تلویزیون
Fernseher
شومینه
Kamin
گل
Blume
کوسن
Kissen
کاناپه
Sofa
گلدان
Vase
کنترل تلویزیون و ویدئو و غیره
Fernbedienung

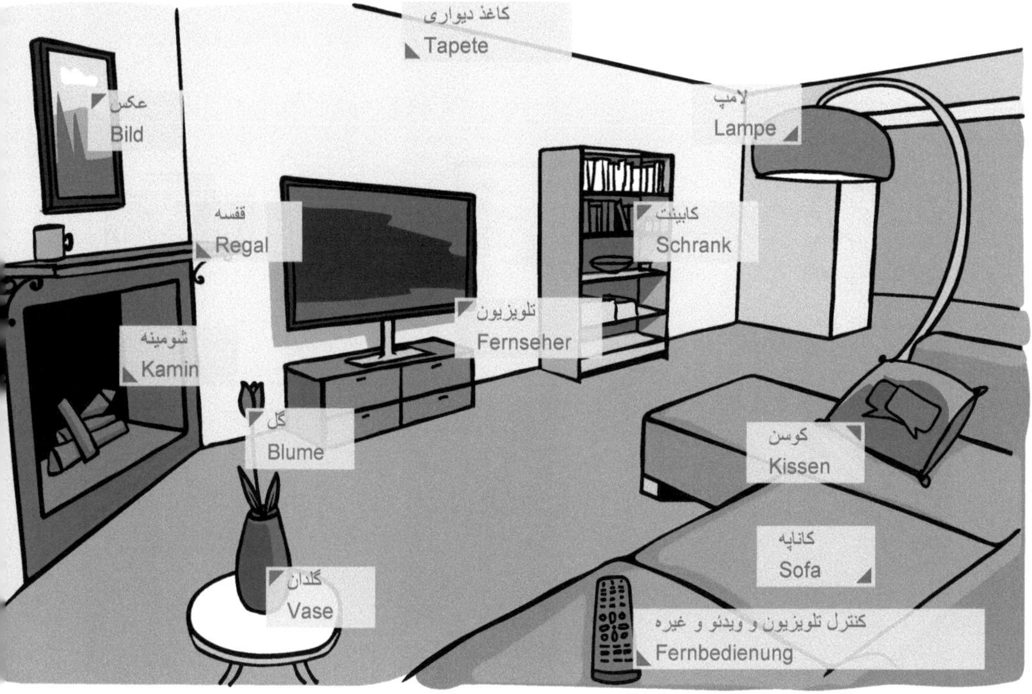

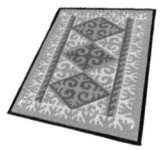

فرش
Teppich

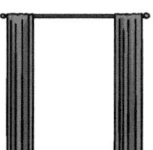

پرده
Vorhang

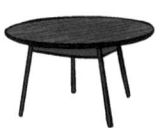

میز
Tisch

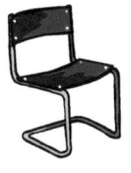

صندلی
Stuhl

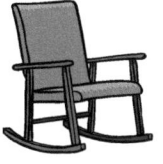

صندلی گهواره ایی
Schaukelstuhl

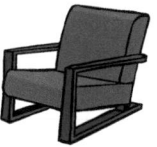

صندلی راحتی
Sessel

كتاب

Buch

لحاف

Decke

دكوراسيون

Dekoration

هيزم

Feuerholz

فيلم

Film

دستگاه ضبط صوت

Stereoanlage

كليد

Schlüssel

روزنامه

Zeitung

تابلو نقاشى

Gemälde

پوستر

Poster

راديو

Radio

دفترچه يادداشت

Notizblock

جاروبرقى

Staubsauger

كاكتوس

Kaktus

شمع

Kerze

آشپزخانه
Küche

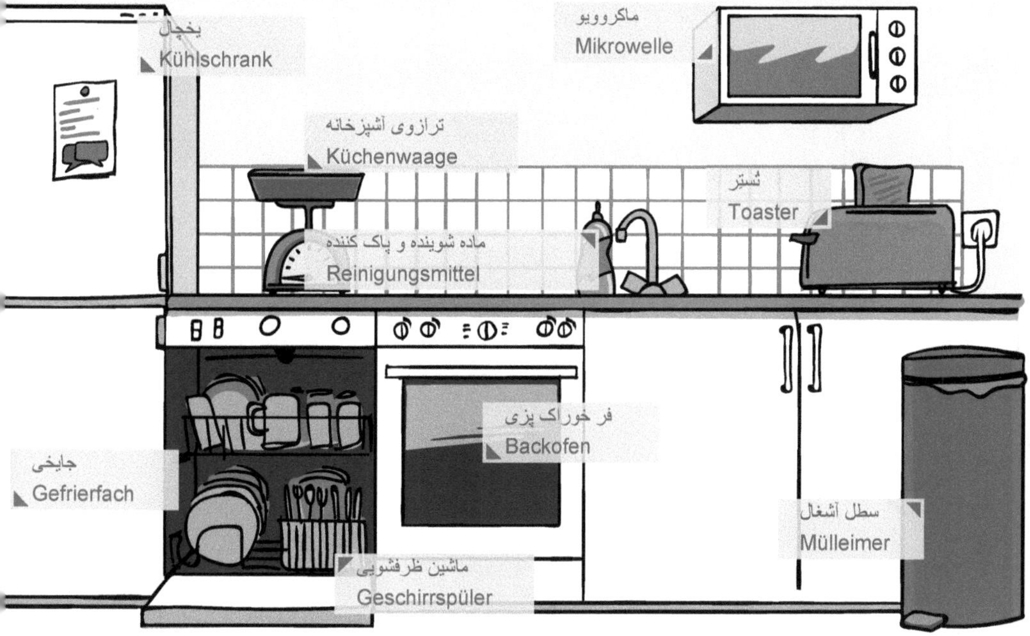
یخچال
Kühlschrank
ماکروویو
Mikrowelle
ترازوی آشپزخانه
Küchenwaage
تُستر
Toaster
ماده شوینده و پاک کننده
Reinigungsmittel
فر خوراک پزی
Backofen
جایخی
Gefrierfach
سطل آشغال
Mülleimer
ماشین ظرفشویی
Geschirrspüler

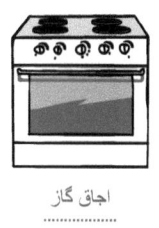

اجاق گاز

Herd

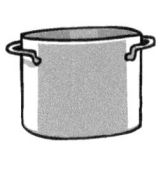

قابلمه

Topf

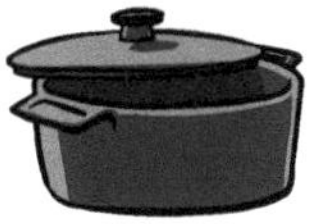

قابلمه چدنی

Eisentopf

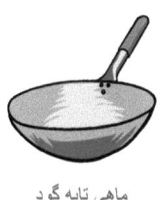

ماهی تابه گود

Wok / Kadai

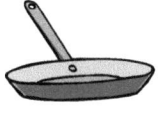

ماهی تابه

Pfanne

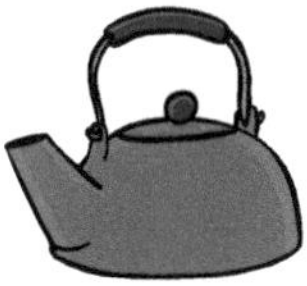

کتری

Wasserkocher

بخارپز

Dampfgarer

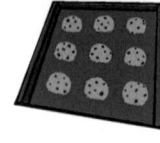

سینی فر

Backblech

ظرف چینی آشپزخانه

Geschirr

لیوان

Becher

کاسه

Schale

چاپستیک

Essstäbchen

ملاقه

Suppenkelle

کفگیر

Pfannenwender

همزن

Schneebesen

آبکش

Kochsieb

آبکش

Sieb

رنده

Reibe

هاون

Mörser

باربیکیو

Grill

محل مخصوص افروختن آتش

Feuerstelle

تخته گوشت و سبزی

Schneidebrett

وردنه

Nudelholz

در بطری بازکن

Korkenzieher

قوطی

Dose

در قوطی بازکن

Dosenöffner

دستگیره پارچه ای

Topflappen

سینک ظرفشویی

Waschbecken

برس گردگیری

Bürste

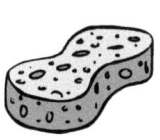

اسفنج

Schwamm

مخلوط کن

Mixer

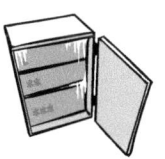

فریزر

Gefriertruhe

شیشه شیر بچه

Babyflasche

شیر آب

Wasserhahn

Badezimmer

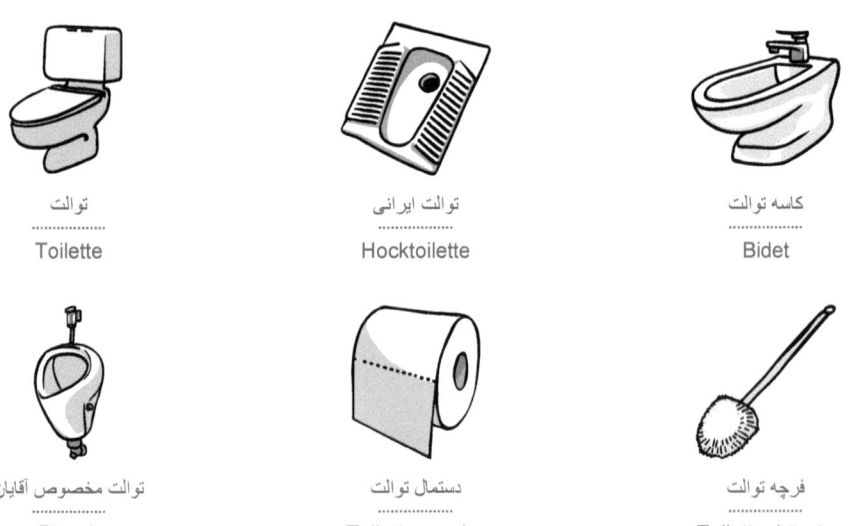

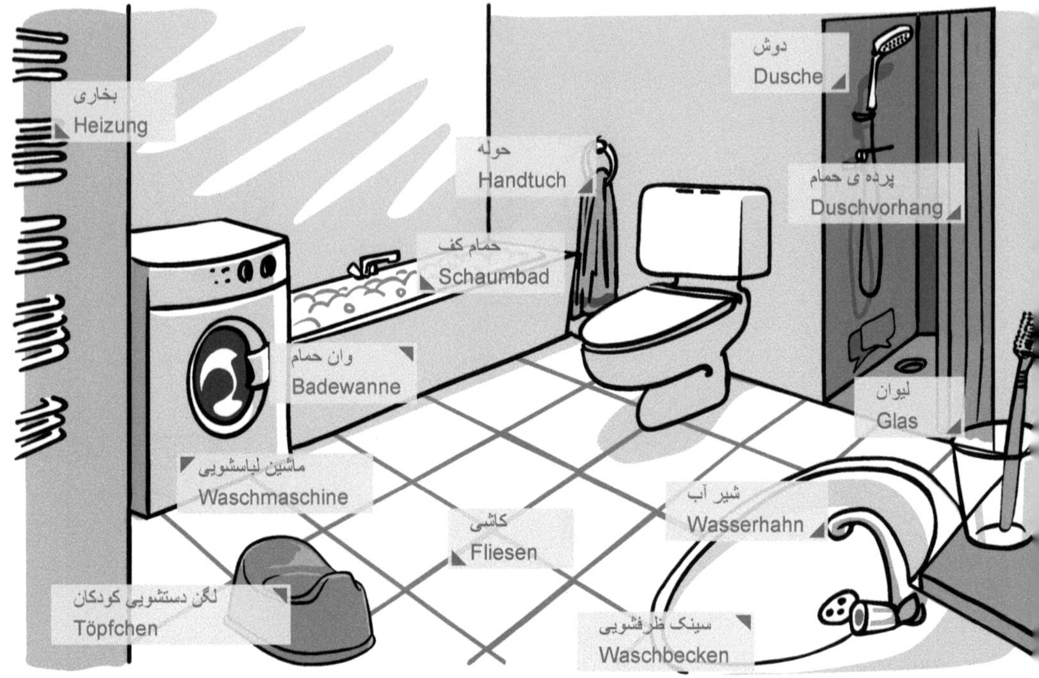
بخاری
Heizung
دوش
Dusche
حوله
Handtuch
پرده ی حمام
Duschvorhang
حمام کف
Schaumbad
وان حمام
Badewanne
لیوان
Glas
ماشین لباسشویی
Waschmaschine
شیر آب
Wasserhahn
کاشی
Fliesen
لگن دستشویی کودکان
Töpfchen
سینک ظرفشویی
Waschbecken

توالت
Toilette

توالت ایرانی
Hocktoilette

کاسه توالت
Bidet

توالت مخصوص آقایان
Pissoir

دستمال توالت
Toilettenpapier

فرچه توالت
Toilettenbürste

مسواک

Zahnbürste

خمیردندان

Zahnpasta

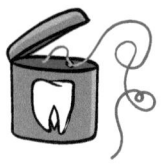

نخ دندان

Zahnseide

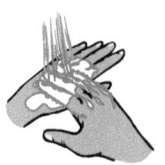

شستن

waschen

دوش آب تلفنی

Handbrause

شلنگ توالت

Intimdusche

لگن روشویی

Waschschüssel

برس شست و شوی پشت

Rückenbürste

صابون

Seife

شامپو بدن

Duschgel

شامپو

Shampoo

لیف حمام

Waschlappen

راه آب

Abfluss

کرم

Creme

اسپری دئودورانت

Deodorant

آیینه

Spiegel

آیینه ی کوچک دستی

Kosmetikspiegel

تیغ ریش تراشی

Rasierer

کف ریش‌تراشی

Rasierschaum

آفترشیو

Rasierwasser

شانه ی سر

Kamm

برس

Bürste

سشوار

Föhn

اسپری مو

Haarspray

آرایش

Makeup

رژلب

Lippenstift

لاک ناخن

Nagellack

پنبه

Watte

قیچی ناخن

Nagelschere

عطر

Parfum

کیف لوازم آرایشی و بهداشتی

Kulturbeutel

چهارپایه

Hocker

ترازو

Waage

حوله ی پالتویی

Bademantel

دستکش ظرفشویی

Gummihandschuhe

تامپون

Tampon

نوار بهداشتی

Damenbinde

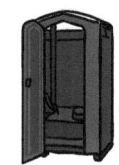

توالت سیار

Chemietoilette

اتاق بچه

Kinderzimmer

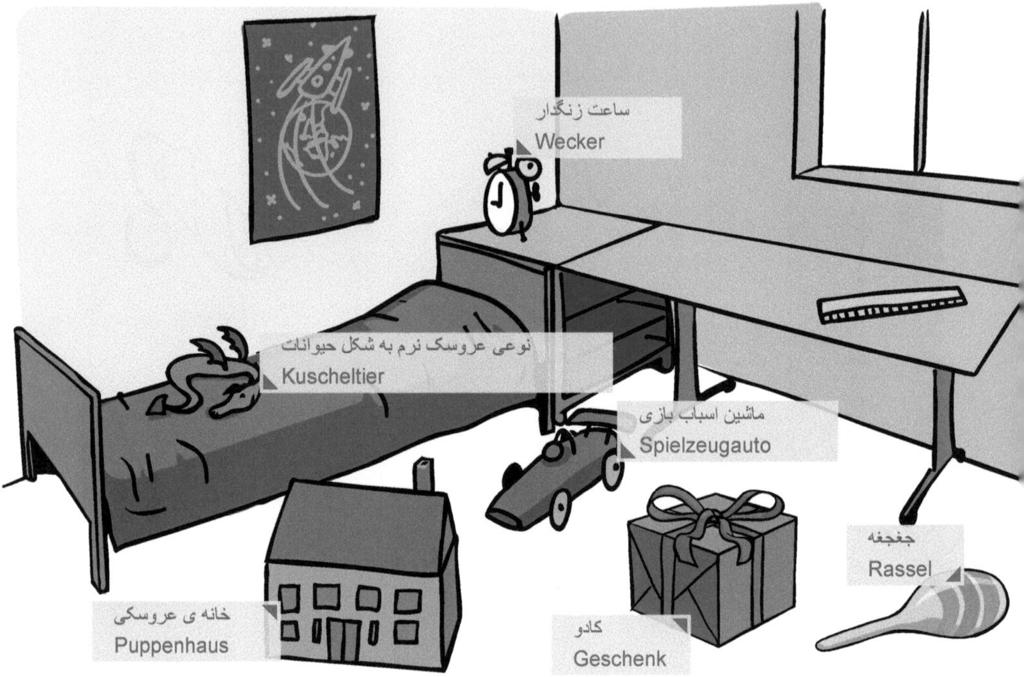

ساعت زنگدار
Wecker
نوعی عروسک نرم به شکل حیوانات
Kuscheltier
ماشین اسباب بازی
Spielzeugauto
جغجغه
Rassel
خانه ی عروسکی
Puppenhaus
کادو
Geschenk

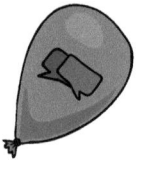

بادکنک

Ballon

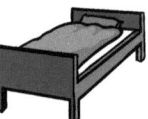

تخت خواب

Bett

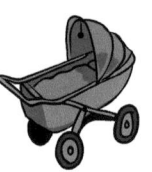

کالسکه بچه

Kinderwagen

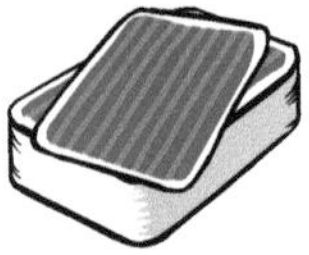

بازی ورق

Kartenspiel

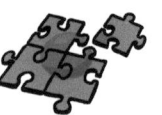

پازل

Puzzle

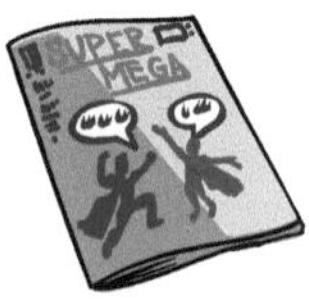

داستان مصور

Comic

اسباب بازی لگو

Legosteine

خانه سازی

Bausteine

عروسک شخصیت های فیلم و کارتون

Action Figur

لباس نوزاد

Strampelanzug

فریزبی

Frisbee

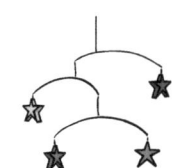

نوعی اسباب بازی که روی تخت نوزاد
یا کودک نصب می شود

Mobile

بازی روی صفحه

Brettspiel

تاس

Würfel

قطار اسباب بازی

Modelleisenbahn

پستانک

Schnuller

مهمانی

Party

کتاب مصور

Bilderbuch

توپ

Ball

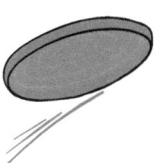

عروسک

Puppe

بازی کردن

spielen

جعبه شنی مخصوص بازی کودکان

Sandkasten

تاب

Schaukel

اسباب بازی

Spielzeug

کنسول بازی های کامپیوتری

Spielkonsole

سه چرخه

Dreirad

خرس عروسکی

Teddy

کمد لباس

Kleiderschrank

لباس

Kleidung

جوراب

Socken

جوراب زنانه ساق بلند

Strümpfe

جوراب شلواری

Strumpfhose

شال
Schal

چتر
Regenschirm

تی شرت
T-Shirt

کمربند
Gürtel

پوتین
Stiefel

دمپایی
Hausschuhe

کفش ورزشی کتانی
Turnschuhe

صندل
Sandalen

کفش
Schuhe

چکمه پلاستیکی
Gummistiefel

شرت
Unterhose

سوتین
Büstenhalter

جلیقه
Unterhemd

بادی

Body

شلوار

Hose

جین

Jeans

دامن

Rock

بلوز

Bluse

پیراهن

Hemd

پولیور

Pullover

سویی شرت

Kapuzenpullover

نوعی کت

Blazer

ژاکت

Jacke

کت بلند

Mantel

بارانی

Regenmantel

لباس نمایش

Kostüm

لباس

Kleid

لباس عروس

Hochzeitskleid

كت و شلوار

Anzug

لباس خواب زنانه

Nachthemd

پیژامه

Schlafanzug

ساری

Sari

روسری

Kopftuch

عمامه

Turban

برقع

Burka

قبا

Kaftan

عبا

Abaya

لباس شنا

Badeanzug

شرت شنا

Badehose

شلوارک

Kurze Hose

لباس ورزشی

Trainingsanzug

پیشبند

Schürze

دستکش

Handschuhe

دکمه
....
Knopf

عینک
....
Brille

دستبند
....
Armband

گردنبند
....
Halskette

انگشتر
....
Ring

گوشواره
....
Ohrring

کلاه لبه دار
....
Mütze

چوب لباسی
....
Kleiderbügel

کلاه
....
Hut

کراوات
....
Krawatte

زیپ
....
Reißverschluss

کلاه ایمنی
....
Helm

بند شلوار
....
Hosenträger

لباس مدرسه
....
Schuluniform

لباس فرم
....
Uniform

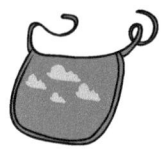

پیش بند بچه

Lätzchen

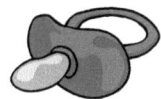

پستانک

Schnuller

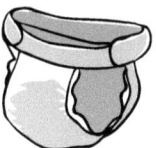

پوشک بچه

Windel

اداره

Büro

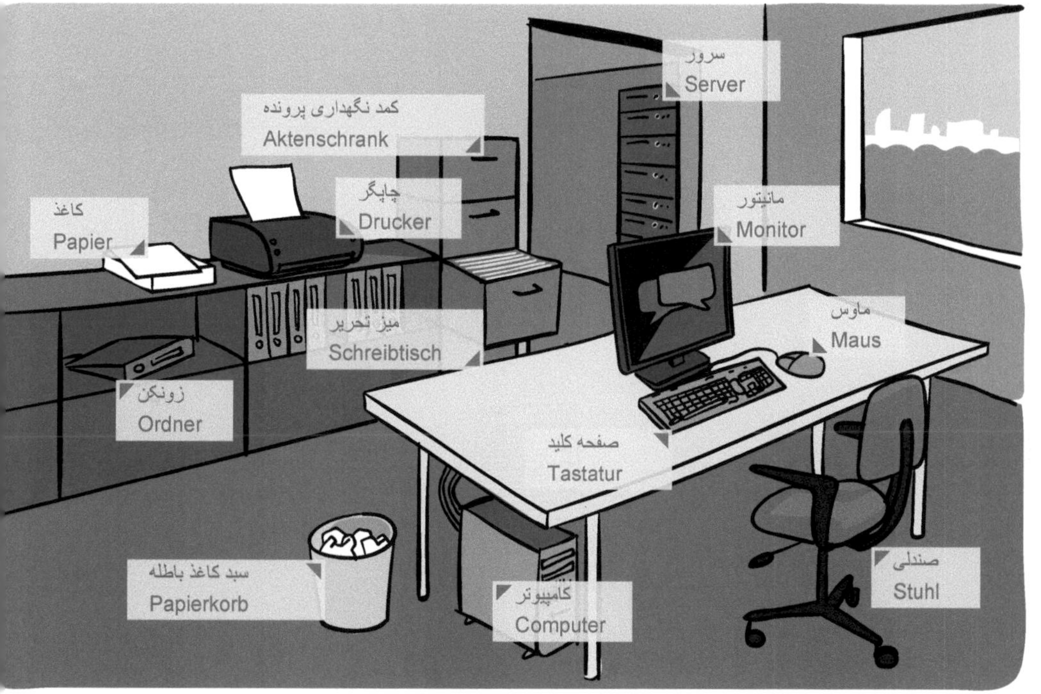
سرور
Server
کمد نگهداری پرونده
Aktenschrank
چاپگر
Drucker
کاغذ
Papier
مانیتور
Monitor
میز تحریر
Schreibtisch
ماوس
Maus
زونکن
Ordner
صفحه کلید
Tastatur
سبد کاغذ باطله
Papierkorb
کامپیوتر
Computer
صندلی
Stuhl

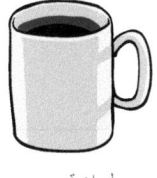

لیوان قهوه

Kaffeebecher

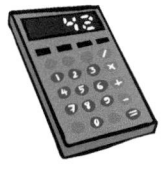

ماشین حساب

Taschenrechner

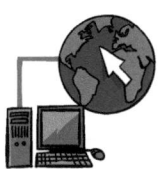

اینترنت

Internet

لپ تاپ

Laptop

نامه

Brief

پیغام

Nachricht

تلفن همراه

Handy

شبکه ی ارتباطی

Netzwerk

دستگاه فتوکپی

Kopierer

نرم افزار

Software

تلفن

Telefon

پریز

Steckdose

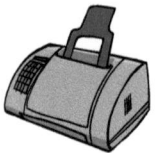

دستگاه فاکس

Fax

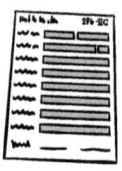

فرم

Formular

مدرک

Dokument

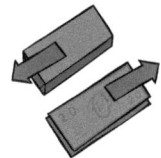

خریدن

kaufen

پرداخت کردن

bezahlen

تجارت کردن

handeln

پول

Geld

دلار

Dollar

یورو

Euro

ین

Yen

روبل

Rubel

فرانک سوئیس

Franken

یوان رنمینبی

Renminbi Yuan

روپیه

Rupie

دستگاه خودپرداز

Geldautomat

صرافی

Wechselstube

طلا

Gold

نقره

Silber

نفت

Öl

انرژی

Energie

قیمت

Preis

قرارداد

Vertrag

مالیات

Steuer

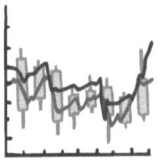

سهام سرمایه

Aktie

کار کردن

arbeiten

کارمند

Angestellter

کارفرما

Arbeitgeber

کارخانه

Fabrik

مغازه

Geschäft

مشاغل
Berufe

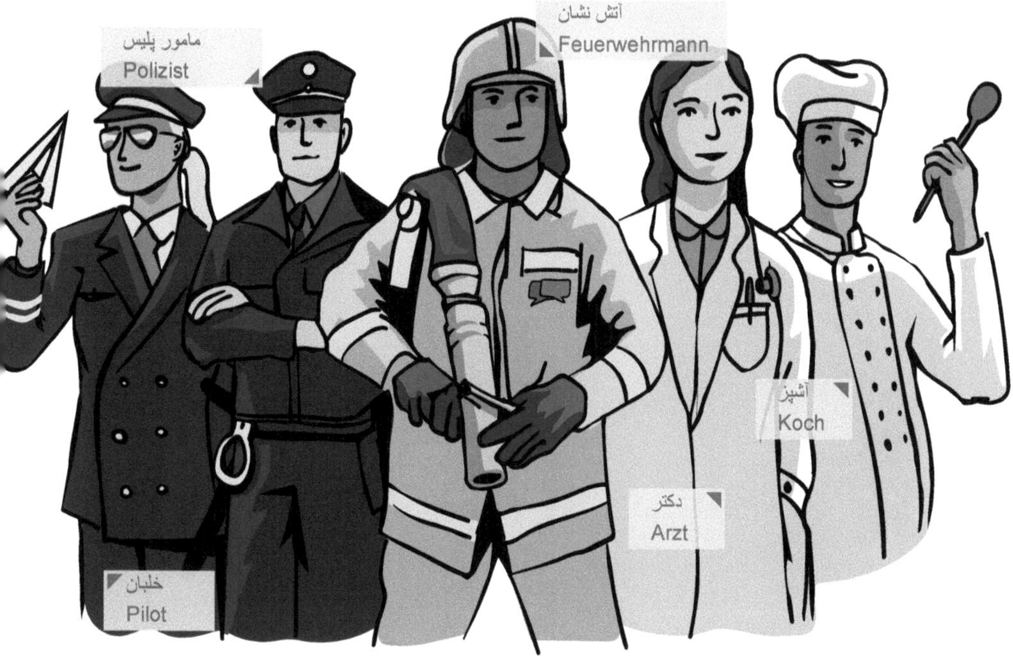

مامور پلیس
Polizist
آتش نشان
Feuerwehrmann
آشپز
Koch
دکتر
Arzt
خلبان
Pilot

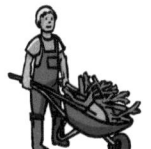

باغبان
Gärtner

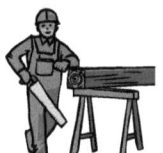

نجار
Tischler

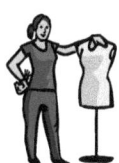

خیاط زنانه
Näherin

قاضی
Richter

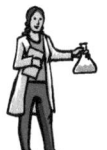

شیمیدان
Chemiker

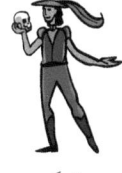

بازیگر
Schauspieler

راننده اتوبوس

Busfahrer

راننده تاکسی

Taxifahrer

ماهیگیر

Fischer

نظافتچی زن

Putzfrau

سقف ساز

Dachdecker

پیشخدمت رستوران

Kellner

شکارچی

Jäger

نقاش

Maler

نانوا

Bäcker

برقکار

Elektriker

کارگر ساختمانی

Bauarbeiter

مهندس

Ingenieur

قصاب

Schlachter

لوله کش

Klempner

پستچی

Postbote

سرباز

Soldat

معمار

Architekt

صندوقدار

Kassierer

گل فروش

Florist

آرایشگر

Friseur

مامور کنترل بلیط در قطار

Schaffner

مکانیک

Mechaniker

ناخدا

Kapitän

دندانپزشک

Zahnarzt

دانشمند

Wissenschaftler

عالم یهودی

Rabbi

امام

Imam

راهب

Mönch

کشیش

Geistlicher

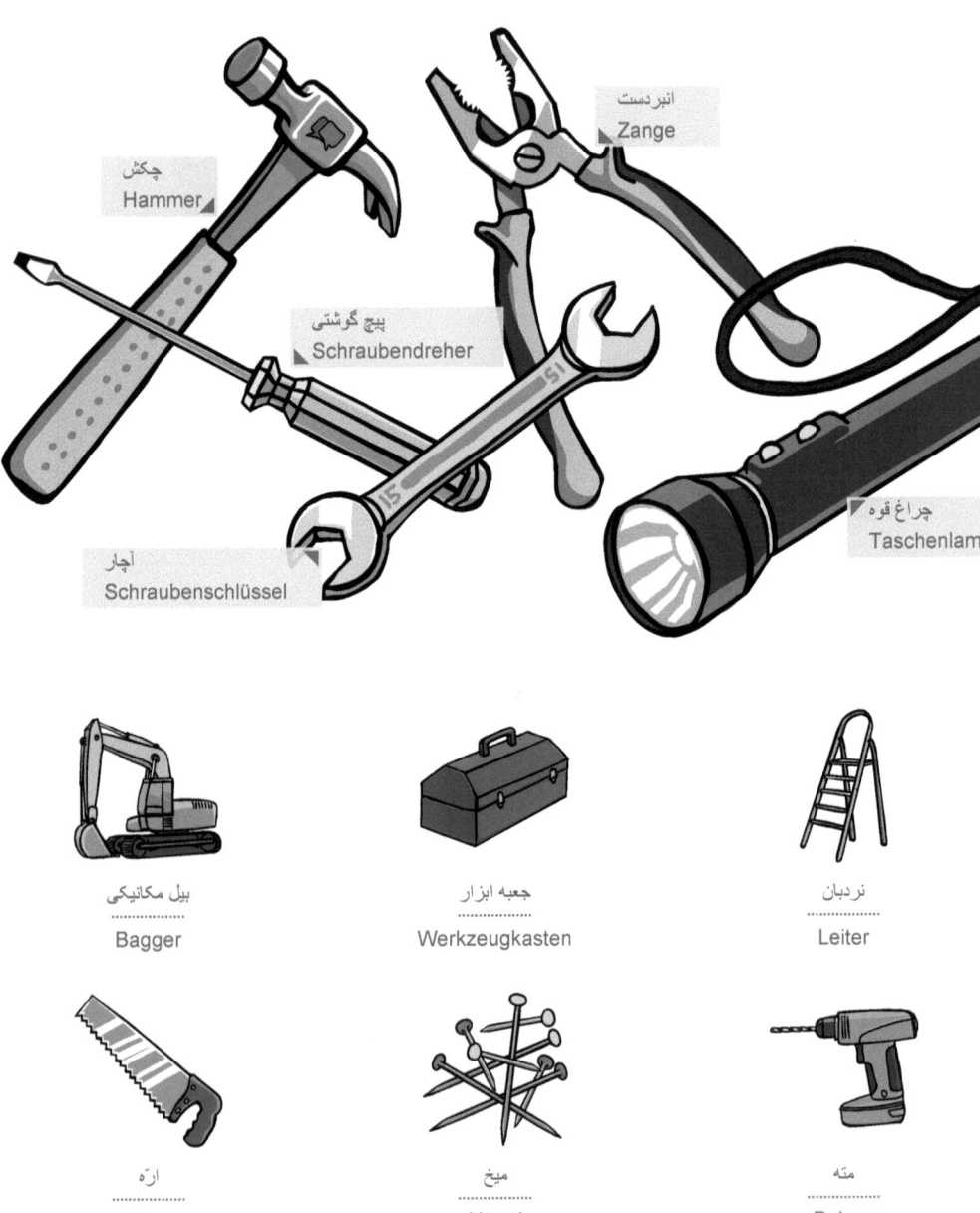

چکش
Hammer

انبردست
Zange

پیچ گوشتی
Schraubendreher

آچار
Schraubenschlüssel

چراغ قوه
Taschenlampe

بیل مکانیکی
Bagger

جعبه ابزار
Werkzeugkasten

نردبان
Leiter

ارّه
Säge

میخ
Nägel

مته
Bohrer

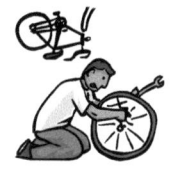

تعمیر کردن
....
reparieren

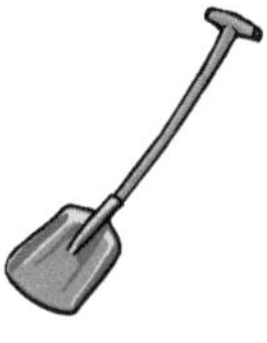

بیل
....
Schaufel

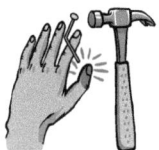

لعنتی!
....
Mist!

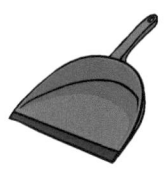

خاک انداز
....
Kehrblech

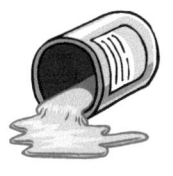

سطل رنگرزی
....
Farbtopf

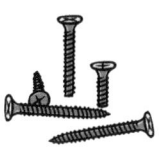

پیچ
....
Schrauben

آلات موسیقی

Musikinstrumente

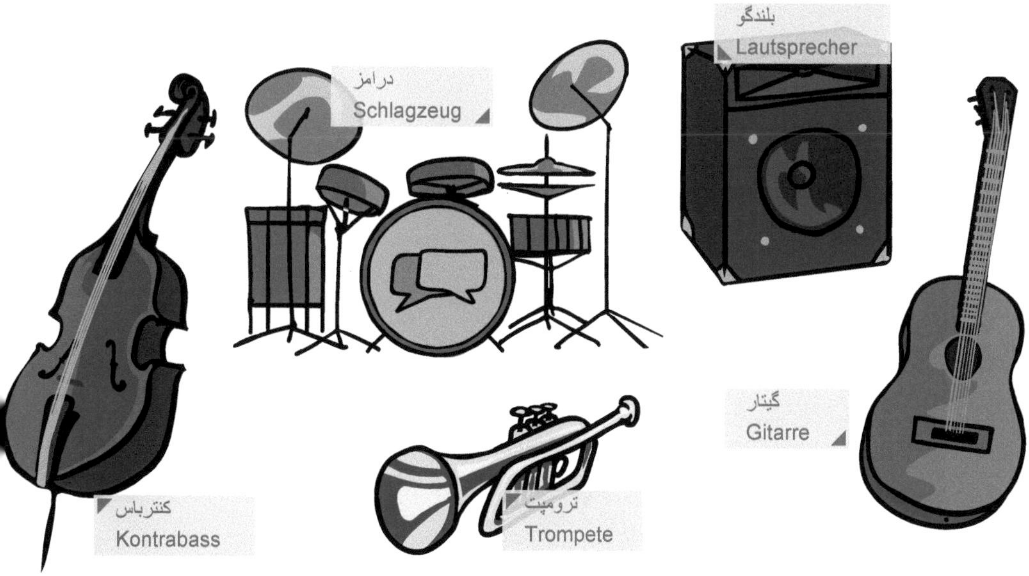

بلندگو
Lautsprecher
درامز
Schlagzeug
گیتار
Gitarre
کنترباس
Kontrabass
ترومپت
Trompete

پیانو

Klavier

ویولن

Violine

گیتار بیس

Bass

تیمپانی

Pauke

طبل

Trommeln

کیبورد الکتریک

Keyboard

ساکسیفون

Saxophon

فلوت

Flöte

میکروفون

Mikrofon

باغ وحش

Zoo

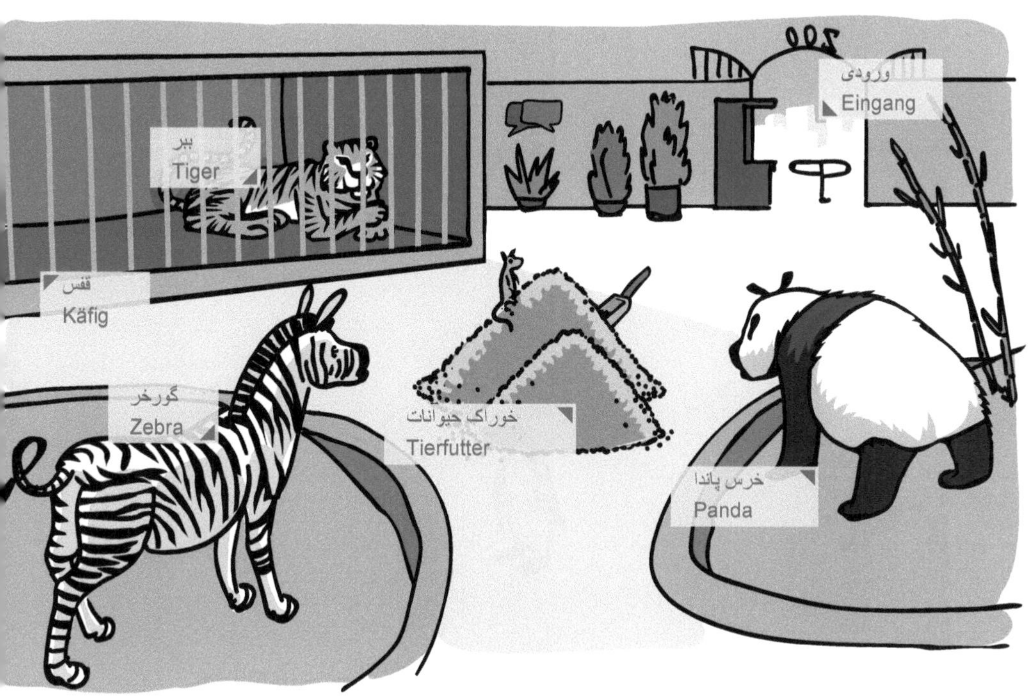

ورودی
Eingang
ببر
Tiger
قفس
Käfig
گورخر
Zebra
خوراک حیوانات
Tierfutter
خرس پاندا
Panda

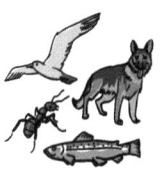

حیوانات
....
Tiere

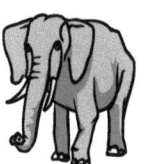

فیل
....
Elefant

کانگورو
....
Känguru

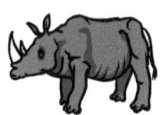

کرگدن
....
Nashorn

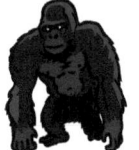

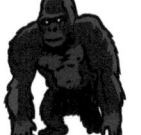

گوریل
....
Gorilla

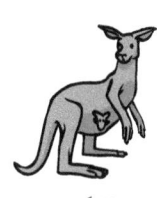

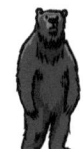

خرس
....
Bär

شتر

Kamel

شترمرغ

Strauß

شیر

Löwe

میمون

Affe

فلامینگو

Flamingo

طوطی

Papagei

خرس قطبی

Eisbär

پنگوئن

Pinguin

کوسه

Hai

طاووس

Pfau

مار

Schlange

تمساح

Krokodil

نگهبان باغ وحش

Zoowärter

خوک آبی

Robbe

پلنگ امریکایی

Jaguar

اسب کوچک

Pony

پلنگ

Leopard

اسب آبی

Nilpferd

زرافه

Giraffe

عقاب

Adler

گراز

Wildschwein

ماهی

Fisch

لاک پشت

Schildkröte

شیرماهی

Walross

روباه

Fuchs

غزال

Gazelle

فوتبال آمریکایی
American Football

دوچرخه سواری
Radfahren

تنیس
Tennis

بسکتبال
Basketball

شنا
Schwimmen

بوکس
Boxen

هاکی روی یخ
Eishockey

فوتبال

Fußball

بدمینتون

Badminton

دوومیدانی

Leichtathletik

هندبال

Handball

اسکی

Skilaufen

پولو

Polo

خندیدن
lachen

پریدن
springen

بغل کردن
umarmen

راه رفتن
gehen

آواز خواندن
singen

رؤیا دیدن
träumen

دعا کردن
beten

بوسیدن
küssen

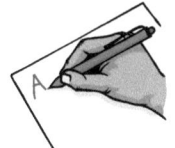

نوشتن
schreiben

رسم کردن
zeichnen

نشان دادن
zeigen

هل دادن
drücken

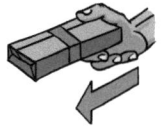

دادن
geben

برداشتن
nehmen

داشتن

haben

انجام دادن

tun

بودن

sein

ایستادن

stehen

دویدن

laufen

کشیدن

ziehen

پرتاب کردن

werfen

افتادن

fallen

دراز کشیدن

liegen

منتظر بودن

warten

حمل کردن

tragen

نشستن

sitzen

لباس پوشیدن

anziehen

خوابیدن

schlafen

بیدار شدن

aufwachen

تماشا کردن

ansehen

گریه کردن

weinen

نوازش کردن

streicheln

شانه کردن

kämmen

حرف زدن

reden

فهمیدن

verstehen

پرسیدن

fragen

شنیدن

hören

آشامیدن

trinken

خوردن

essen

مرتب کردن

aufräumen

عاشق بودن

lieben

پختن

kochen

رانندگی کردن

fahren

پرواز کردن

fliegen

قایقرانی کردن

segeln

محاسبه کردن

rechnen

خواندن

lesen

یاد گرفتن

lernen

کار کردن

arbeiten

ازدواج کردن

heiraten

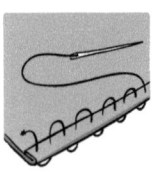

دوختن

nähen

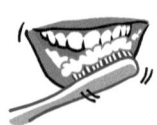

مسواک زدن

Zähne putzen

کُشتن

töten

سیگار کشیدن

rauchen

فرستادن

senden

خانواده

Familie

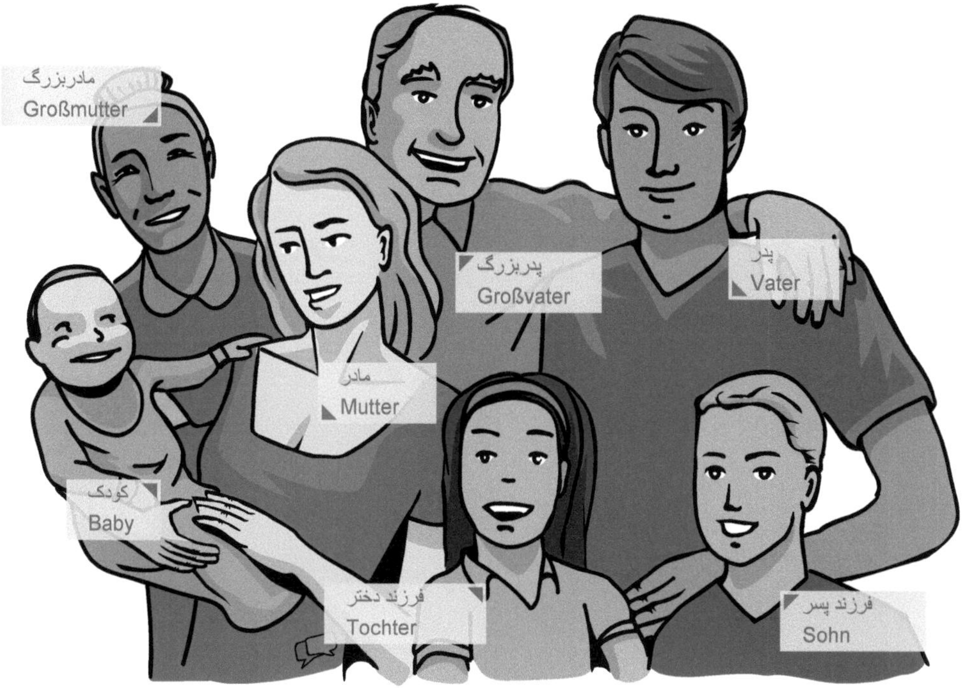

مادربزرگ
Großmutter
پدربزرگ
Großvater
پدر
Vater
مادر
Mutter
کودک
Baby
فرزند دختر
Tochter
فرزند پسر
Sohn

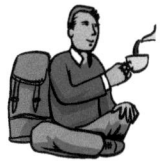

مهمان
Gast

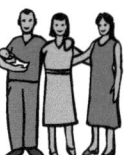

خاله، عمه
Tante

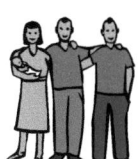

دایی، عمو
Onkel

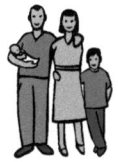

برادر
Bruder

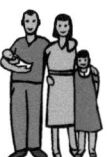

خواهر
Schwester

بدن

Körper

پیشانی
Stirn
چشم
Auge
شانه
Schulter
انگشت دست
Finger
صورت
Gesicht
چانه
Kinn
دست
Hand
ساق پا
Bein
سینه
Brust
بازو
Arm

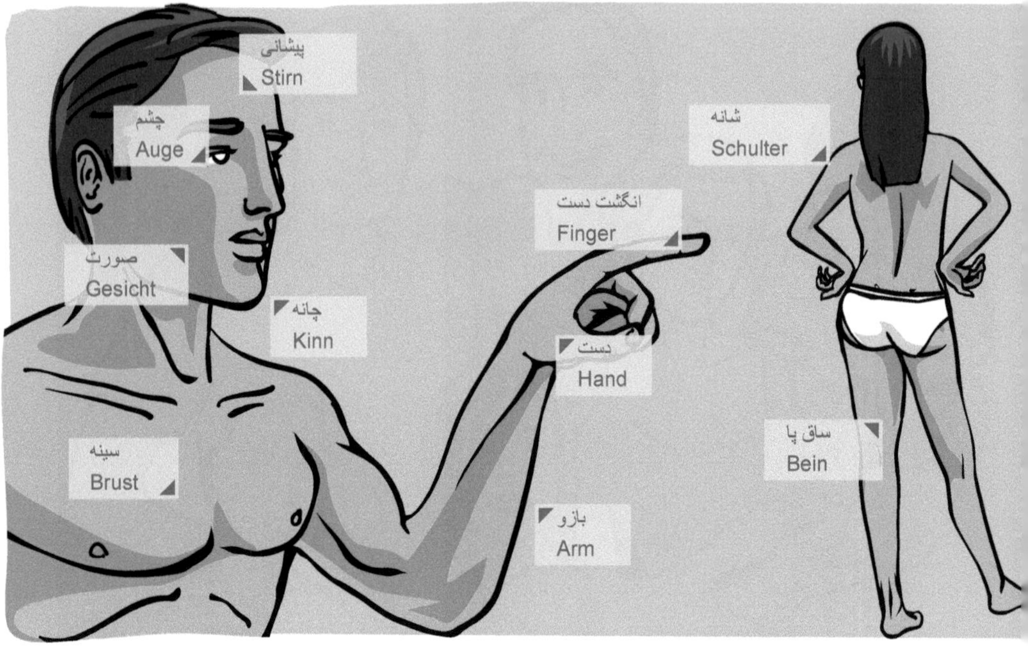

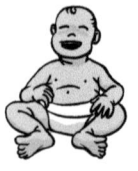

کودک

Baby

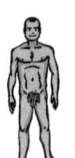

مرد

Mann

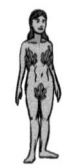

زن

Frau

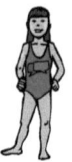

دختربچه

Mädchen

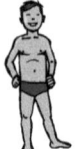

پسربچه

Junge

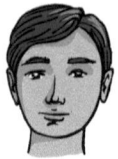

کله

Kopf

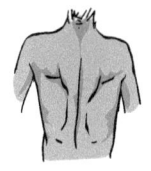

كمر

Rücken

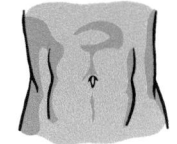

شكم

Bauch

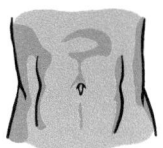

ناف

Nabel

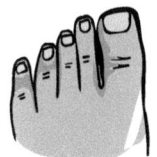

انگشت پا

Zeh

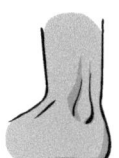

پاشنه

Ferse

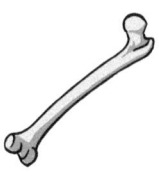

استخوان

Knochen

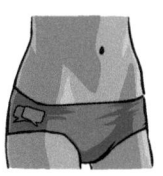

لگن

Hüfte

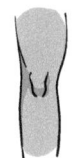

زانو

Knie

آرنج

Ellenbogen

بینی

Nase

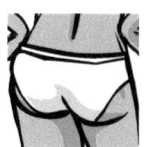

نشیمنگاه

Gesäß

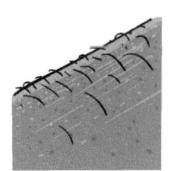

پوست

Haut

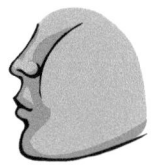

گونه

Wange

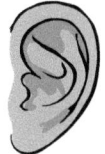

گوش

Ohr

لب

Lippe

دهان

Mund

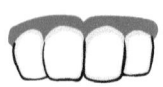

دندان

Zahn

زبان

Zunge

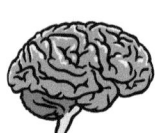

مغز

Gehirn

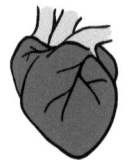

قلب

Herz

عضله

Muskel

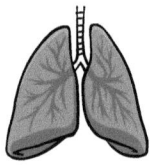

ریه

Lunge

کبد

Leber

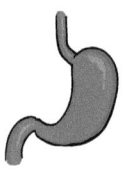

معده

Magen

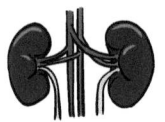

کلیه

Nieren

آمیزش جنسی

Geschlechtsverkehr

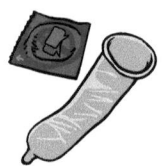

کاندوم

Kondom

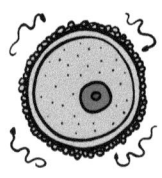

تخمک

Eizelle

اسپرم

Sperma

حاملگی

Schwangerschaft

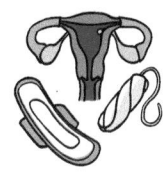

پریود

Menstruation

واژن

Vagina

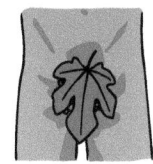

آلت تناسلی مرد

Penis

ابرو

Augenbraue

مو

Haar

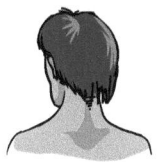

گردن

Hals

بیمارستان
Krankenhaus

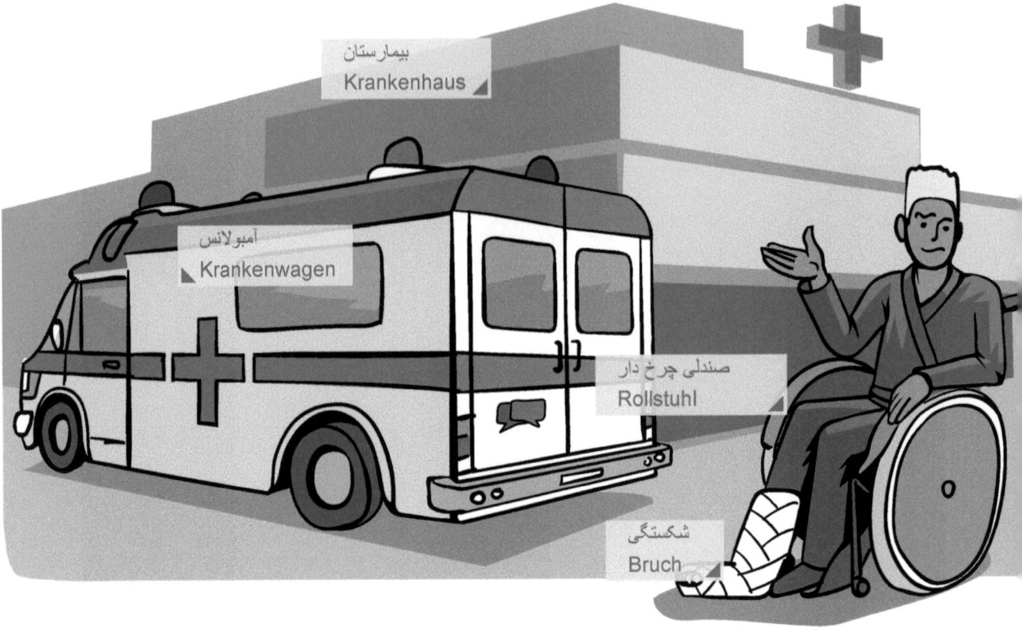

بیمارستان
Krankenhaus
آمبولانس
Krankenwagen
صندلی چرخ دار
Rollstuhl
شکستگی
Bruch

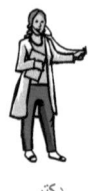

دکتر
Arzt

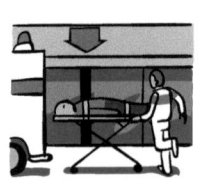

بخش اورژانس
Notaufnahme

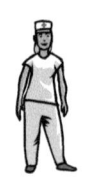

پرستار
Krankenschwester

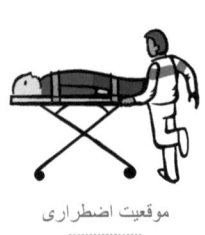

موقعیت اضطراری
Notfall

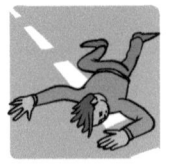

بی هوش
ohnmächtig

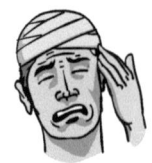

درد
Schmerz

مصدومیت

Verletzung

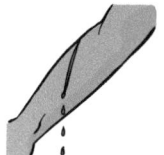

خونریزی

Blutung

سکته قلبی

Herzinfarkt

سکته مغزی

Schlaganfall

آلرژی

Allergie

سرفه

Husten

تب

Fieber

آنفولانزا

Grippe

اسهال

Durchfall

سردرد

Kopfschmerzen

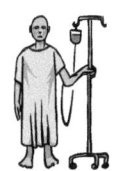

سرطان

Krebs

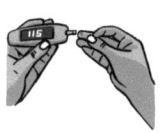

دیابت

Diabetis

جراح

Chirurg

چاقوی جراحی

Skalpell

عمل جراحی

Operation

سی تی اسکن
CT

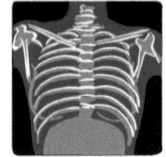

پرتونگاری
Röntgen

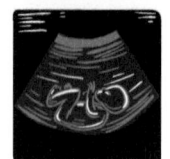

سونوگرافی
Ultraschall

ماسک صورت
Maske

بیماری
Krankheit

اتاق انتظار
Wartezimmer

چوب زیر بغل
Krücke

چسب زخم
Pflaster

پانسمان
Verband

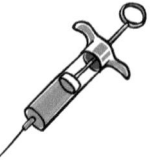

تزریق
Injektion

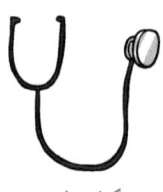

گوشی طبی
Stethoskop

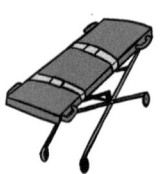

برانکار
Trage

دماسنج
Thermometer

زایش
Geburt

اضافه وزن
Übergewicht

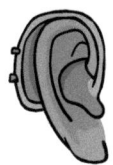

سمعک

Hörgerät

ماده ضد عفونی کننده

Desinfektionsmittel

عفونت

Infektion

ویروس

Virus

اچ آی وی / ایدز

HIV / AIDS

دارو

Medizin

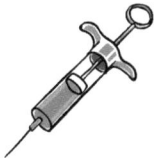

واکسیناسیون

Impfung

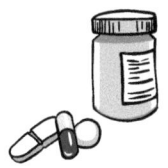

قرص

Tabletten

قرص ضد حاملگی

Pille

تماس اظطراری

Notruf

دستگاه اندازه گیری فشارخون

Blutdruck-Messgerät

مریض / سالم

krank / gesund

کمک!

Hilfe!

آژیر خطر

Alarm

حمله

Überfall

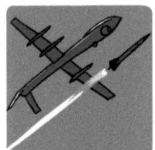

حمله ی فیزیکی

Angriff

خطر

Gefahr

خروج اظطراری

Notausgang

آتش

Feuer!

کپسول آتش‌نشانی

Feuerlöscher

تصادف

Unfall

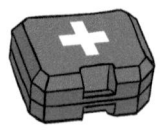

جعبه کمک های اولیه

Erste-Hilfe-Koffer

درخواست کمک

SOS

پلیس

Polizei

اروپا

Europa

آمریکای شمالی

Nordamerika

آمریکای جنوبی

Südamerika

آفریقا

Afrika

آسیا

Asien

استرالیا

Australien

اقیا نوس اطلس

Atlantik

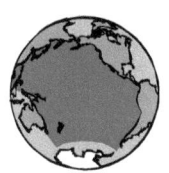

اقیانوس آرام

Pazifik

اقیانوس هند

Indischer Ozean

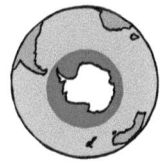

اقیا نوس اطلس جنوبی

Antarktischer Ozean

اقیانوس منجمد شمالی

Arktischer Ozean

قطب شمال

Nordpol

قطب جنوب

Südpol

قاره قطب جنوب

Antarktis

کره زمین

Erde

سرزمین

Land

دریا

Meer

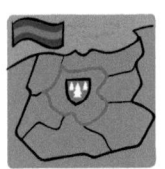

جزیره

Insel

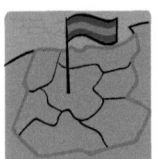

ملت

Nation

کشور

Staat

صفحه ی ساعت

Zifferblatt

ساعت شمار

Stundenzeiger

دقیقه شمار

Minutenzeiger

ثانیه شمار

Sekundenzeiger

ساعت چند است؟

Wie spät ist es?

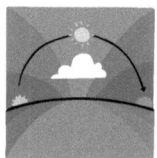

روز

Tag

زمان

Zeit

اکنون

jetzt

ساعت دیجیتال

Digitaluhr

دقیقه

Minute

ساعت

Stunde

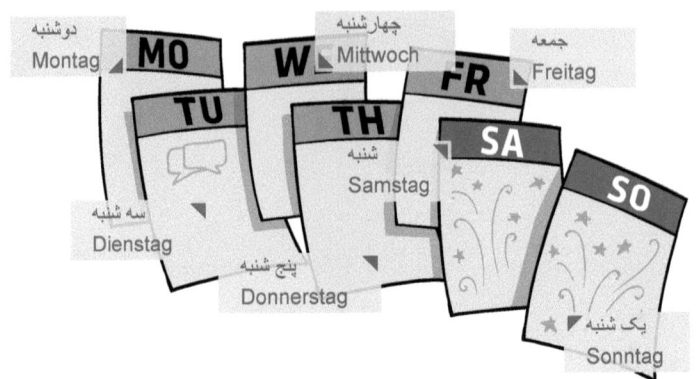

دوشنبه
Montag

چهارشنبه
Mittwoch

جمعه
Freitag

سه شنبه
Dienstag

شنبه
Samstag

پنج شنبه
Donnerstag

یک شنبه
Sonntag

دیروز

gestern

امروز

heute

فردا

morgen

صبح

Morgen

ظهر

Mittag

غروب

Abend

روزهای کاری

Arbeitstage

آخر هفته

Wochenende

سال
Jahr

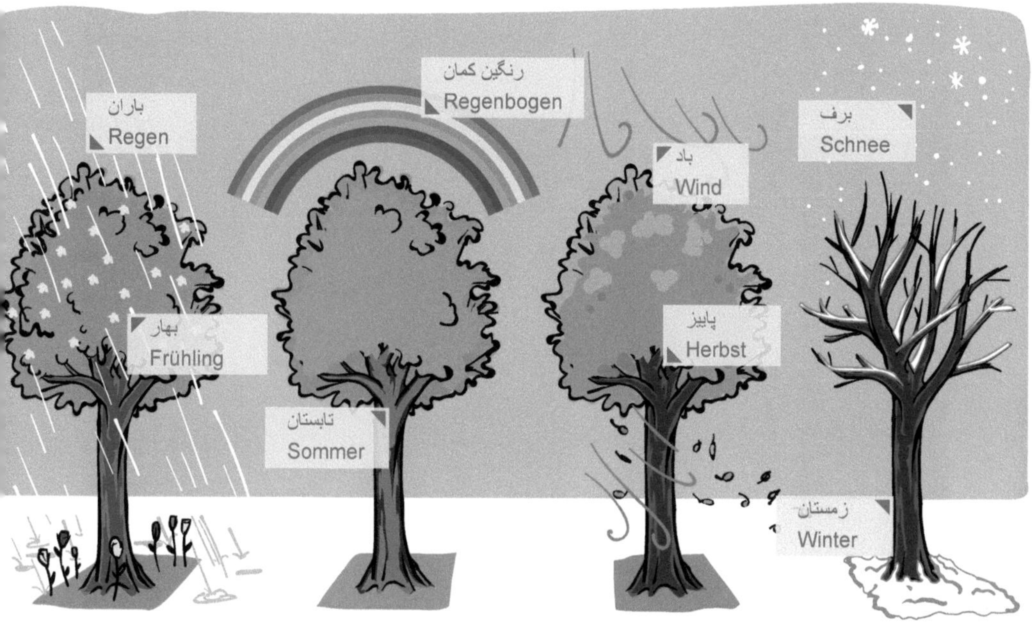

باران
Regen
رنگین کمان
Regenbogen
باد
Wind
برف
Schnee
بهار
Frühling
تابستان
Sommer
پاییز
Herbst
زمستان
Winter

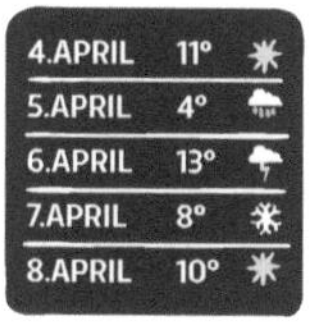

4.APRIL 11°
5.APRIL 4°
6.APRIL 13°
7.APRIL 8°
8.APRIL 10°

پیش‌بینی اوضاع جوی
....
Wettervorhersage

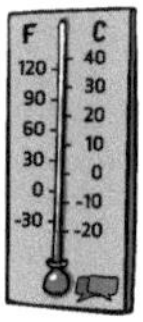

F C
120 40
90 30
60 20
30 10
0 0
-30 -10
-20

دماسنج
....
Thermometer

تابش آفتاب
....
Sonnenschein

ابر
....
Wolke

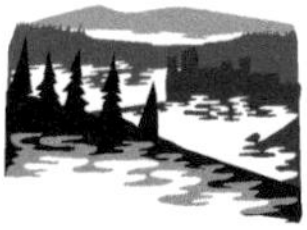

مِه
....
Nebel

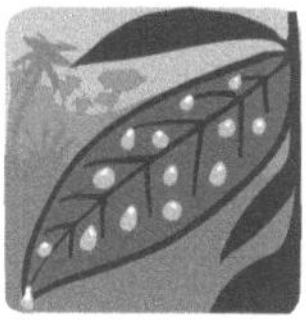

رطوبت هوا
....
Luftfeuchtigkeit

صاعقه

Blitz

آسمان غره

Donner

طوفان

Sturm

تگرگ

Hagel

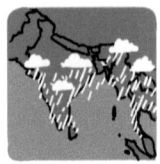

باد موسمی

Monsun

سیل

Flut

یخ

Eis

ژانویه

Januar

فوریه

Februar

مارس

März

آوریل

April

مه

Mai

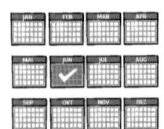

ژوئن

Juni

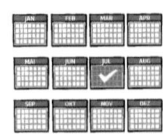

ژوئیه

Juli

آگوست

August

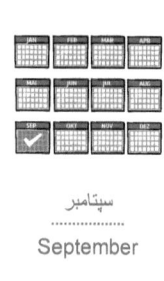

سپتامبر
....
September

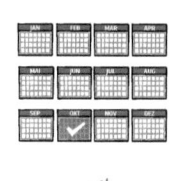

أكتبر
....
Oktober

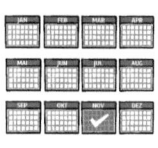

نوامبر
....
November

دسامبر
....
Dezember

دايره
....
Kreis

مربع
....
Quadrat

مستطيل
....
Rechteck

سه گوش
....
Dreieck

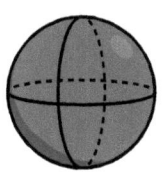

گره
....
Kugel

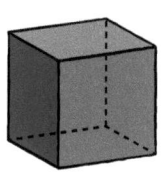

مكعب مربع
....
Würfel

سفید

weiß

زرد

gelb

نارنجی

orange

صورتی

pink

قرمز

rot

بنفش

lila

آبی

blau

سبز

grün

قهوه ای

braun

خاکستری

grau

سیاه

schwarz

خیلی / کم

viel / wenig

خشمگین / آرام

wütend / friedlich

زیبا / زشت

hübsch / hässlich

شروع / پایان

Anfang / Ende

بزرگ / کوچک

groß / klein

روشن / تیره

hell / dunkel

برادر / خواهر

Bruder / Schwester

تمیز / الوده

sauber / schmutzig

کامل / ناقص

vollständig / unvollständig

روز / شب

Tag / Nacht

مرده / زنده

tot / lebendig

پهن / باریک

breit / schmal

قابل خوردن / غیر قابل خوردن

genießbar / ungenießbar

غضبناک / مهربان

böse / freundlich

هیجان زده / بی حوصله

aufgeregt / gelangweilt

چاق / لاغر

dick / dünn

اولین / آخرین

zuerst / zuletzt

دوست / دشمن

Freund / Feind

پر / خالی

voll / leer

سفت / نرم

hart / weich

سنگین / سبک

schwer / leicht

گرسنگی / تشنگی

Hunger / Durst

مریض / سالم

krank / gesund

غیرقانونی / قانونی

illegal / legal

باهوش / خنگ

intelligent / dumm

چپ / راست

links / rechts

نزدیک / دور

nah / fern

نو / استفاده شده

neu / gebraucht

هیچ چیز / چیزی

nichts / etwas

پیر / جوان

alt / jung

روشن / خاموش

an / aus

باز / بسته

offen / geschlossen

آهسته / بلند

leise / laut

ثروتمند / فقیر

reich / arm

درست / غلط

richtig / falsch

زبر / صاف

rau / glatt

غمگین / خوشحال

traurig / glücklich

کوتاه / بلند

kurz / lang

کند / تند

langsam / schnell

تر / خشک

nass / trocken

گرم / خنک

warm / kühl

جنگ / صلح

Krieg / Frieden

0

صفر

null

1

یک

eins

2

دو

zwei

3

سه

drei

4

چهار

vier

5

پنج

fünf

6

شش

sechs

7

هفت

sieben

8

هشت

acht

9

نه

neun

10

دَه

zehn

11

یازده

elf

12

دوازده

zwölf

13

سیزده

dreizehn

14

چهارده

vierzehn

15

پانزده

fünfzehn

16

شانزده

sechzehn

17

هفده

siebzehn

18

هجده

achtzehn

19

نوزده

neunzehn

20

بیست

zwanzig

100

صد

hundert

1.000

هزار

tausend

1.000.000

میلیون

million

Sprachen

انگلیسی

Englisch

انگلیسی آمریکایی

Amerikanisches Englisch

چینی ماندارین

Chinesisch Mandarin

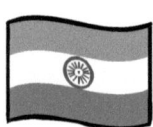

هندی

Hindi

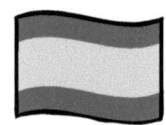

اسپانیایی

Spanisch

فرانسوی

Französisch

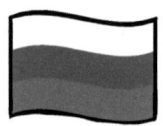

عربی

Arabisch

روسی

Russisch

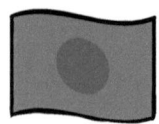

پرتغالی

Portugiesisch

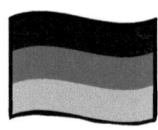

بنگالی

Bengalisch

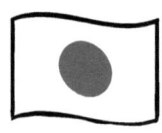

آلمانی

Deutsch

ژاپنی

Japanisch

من

ich

تو

du

♂ ♀ ○

او

er / sie / es

ما

wir

شما

ihr

آنها

sie

چه کسی؟ کی؟

wer?

چی؟

was?

چگونه؟

wie?

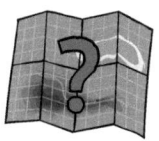

کجا؟

wo?

کی؟

wann?

HELLO, I AM

نام

Name

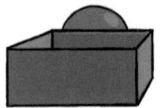

پشت
....
hinter

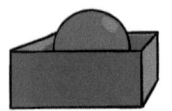

تَوی
....
in

جلو
....
vor

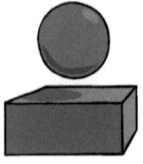

بالای
....
über

روی
....
auf

زیر
....
unter

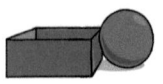

مجاور
....
neben

بین
....
zwischen

مکان
....
Ort